QUAND SERONS-NOUS SAGES ?

JAMAIS,
JAMAIS,
JAMAIS.

Éditions Être
56, rue Ramus
75020 Paris
Tél : 01 47 97 44 67
christianbruel@libertysurf.fr

Réalisation : Presse & Design
ISBN 2-84407-052-3
Au 1er janvier 2007
ISBN 978-2-84407-052-4

Dépôt légal : août 2006
Loi du 16 juillet 1949 sur les publications destinées à la jeunesse
Achevé d'imprimer en août 2006 chez Proost (Belgique)

QUAND SERONS-NOUS SAGES ?

JAMAIS, JAMAIS, JAMAIS.

PAROLES ET IMAGES CHOISIES PAR
CHRISTIAN BRUEL

ARRANGEMENTS MUSICAUX : ANTOINE LEFORT

PRÉFACE : EMMANUEL PIERRAT

ÉDITIONS ÊTRE

Préface

À la lecture de ces comptines coquines, chacun se surprendra à chantonner nombre d'entre elles : car il n'est pas d'adulte qui n'ait été une petite fille espiègle ou un polisson en puissance.

Les esprits tatillons ou soucieux de leur propre nostalgie auront même à cœur de s'indigner en lisant telle ou telle version sensiblement éloignée d'un répertoire personnel plus ou moins enfoui, rodé dans les cours de récréation, les colonies de vacances ou lors de vacances familiales entre cousins.

Comme furent collectés les contes et légendes, ce patrimoine oral doit être recueilli, imprimé, transmis. Mieux encore, il est ici plaisamment illustré et accompagné de partitions ; pour que l'air approprié revienne plus facilement en tête de ceux qui, en sus de la communale, auront fréquenté le conservatoire… C'est en effet l'art du détournement qui est à l'œuvre : la ritournelle est empruntée et malmenée pour servir des paroles affranchies.

Les personnages récurrents sont au rendez-vous : Bali Balo et Roudoudou comptent aussi parmi les héros imaginaires de notre enfance. Quant aux thèmes, il en existe d'incontournables. S'agissant du sexisme et du colonialisme, seuls quelques exemples relevant d'un autre âge ont été choisis. Mais c'est surtout le « pouvoir », incarné par le maître d'école, le curé et les parents, qui constitue la cible privilégiée.

Sa mise en scène, en ridicule, par l'outrance à connotation sexuelle – mêlant souvent des organes génitaux forcément inopérants, le « pipi-caca », les « vents » ou les animaux au tableau ! – appartient aux armes les plus classiques de la littérature séditieuse. L'histoire de l'édition a recensé les ouvrages (des chefs-d'œuvre jusqu'aux badineries sans talent) qui recourent à ces artifices. Il existe ainsi, à destination de la recherche, une *Bibliotheca scatologica*, une *Bibliographie des ouvrages relatifs à l'amour, aux femmes, au mariage et des livres facétieux, pantagruéliques, scatologiques, satyriques, etc.* ou encore l'imposante *Bibliographie clérico-galante,* énumérant les « ouvrages galants ou singuliers sur l'amour, les femmes, le mariage, le théâtre, etc., écrits par des Abbés, Prêtres, Chanoines, Religieux, Religieuses, Évêques, Archevêques, Cardinaux et Papes »…

La littérature destinée aux adultes a elle-même beaucoup emprunté aux chants et digressions lyriques ; sans compter cette survivance de l'enfant chez l'adulte, quand le futur médecin entonne une chanson de salle de garde. Au XIXe siècle, Béranger a dominé le genre.

Cent ans auparavant, les contes de fées érotiques fleurissent soudainement : ils utilisent souvent le principe du témoin indiscret, tel un meuble ou un menu objet, à même de rapporter au lecteur ce qu'il a subi ou aperçu. *Le Canapé couleur de feu*, de Fougeret de Montbron, suivi du *Sopha* de Crébillon fils en proposent d'excellents exemples, que détrônent toutefois Diderot et ses *Bijoux indiscrets*.

Tanzaï et Néadarné, du même Crébillon, dirige le récit fantastique vers l'Orient. L'ouvrage de Crébillon est sous-titré *Histoire japonaise*, et est censé se passer chez Mangogul, roi du Congo (!), alors que l'auteur prend en réalité Versailles pour modèle d'une Cour à scandales. De même, *Les Amours de Zeokinisul, roi des Kofirans* est directement inspiré par Louis XV. L'Abbé de Voisenon, dont les vers polissons remis à La Pompadour amusaient le même souverain, livre *Le Sultan Misapouf*. Ce voyage dans le temps peut continuer ainsi, au moins jusqu'à Rabelais, maître de la farce.

Les adultes ont-ils inconsciemment prolongé en les écrivant ou en les lisant les fantaisies à charge de leur jeunesse ? Ou les enfants ne sont-ils que de malins plagiaires des amusements de leurs aînés ? Je me pose cette question lorsque je songe à mon policier de père (fils et petit-fils de policier !), grand passeur des fables de La Fontaine en argot, qui m'a enseigné mes premières comptines. J'ai en mémoire celle-ci, déclamée en tenant la main de ses deux garçons tandis qu'il les emmenait au cirque : « Mesdames et Messieurs, c'est un animal qui ronge le fer et l'acier, c'est pour ça qu'on l'a enfermé dans une cage en osier. Mais les spectateurs sont priés de reculer, car l'animal va bientôt uriner ! »

Que le lecteur ne recule pas au gré de ces pages réjouissantes et qu'il en soit le relais, à son tour !

Emmanuel Pierrat,
avocat et écrivain.

Et quand serons-nous sages ?
Jamais, jamais, jamais !
Et quand serons-nous diables ?
Toujours, toujours, toujours !
La terre nourrit tout *(bis)*
Les sages, les sages
La terre nourrit tout *(bis)*
Les sages et les fous.

Et quand serons-nous sages ?

Roudoudou n'a pas de femme
Il en fait une avec sa canne
Il l'habille en feuilles de chou
Voilà la femme à Roudoudou.

A B C D
Ma grand-mère est enterrée
Dans les choux et la porée
Trois petits chiens ont pissé d'ssus
Ma grand-mère est revenue…
Toute nue.

b
d
c
u
y
w
t
q
t
r
s

Une souris verte
Qui courait dans l'herbe
Je l'attrape par la queue
Je la montre à ces Messieurs
Ces Messieurs me disent
Trempez-la dans l'huile,
Trempez-la dans l'eau
Ça fera un escargot
Tout chaud
Je la mets dans mon mouchoir
Elle me dit qu'il fait trop noir
Je la mets dans mon chapeau
Elle me dit qu'il fait trop chaud
Je la mets dans ma culotte
Elle me croque ma p'tite carotte.

Variante
Elle y fait trois petites crottes.

Une souris verte

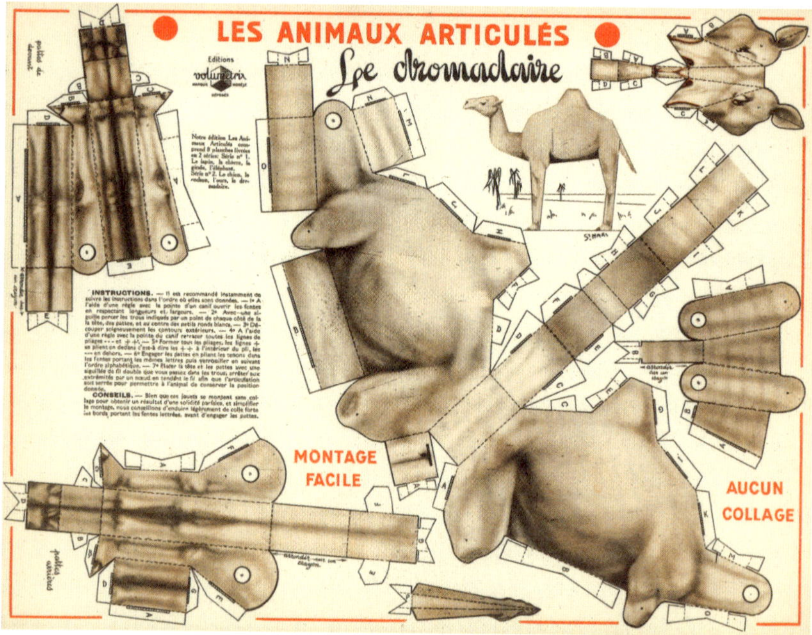

Une bosse, c'est le dromadaire
Deux bosses, c'est le chameau
Trois bosses, c'est mon p'tit frère
Qui tombe de l'escabeau

Monsieur le Curé ne veut pas
Que les gars embrassent les filles
Mais il ne défend pas
Que les filles embrassent les gars.

Mon pantalon est décousu
Si ça continue on verra l'trou d'mes fesses
Mon pantalon est décousu
Si ça continue on verra l'trou d'mon…
pantalon est décousu (etc.)

Mon pantalon est décousu

NEW HOME

Mon grand-père et ma grand-mère
Ont l'habitude de coucher nus
Ma grand-mère est carnassière
Elle a mordu pépé au cul.

Sur l'air de « Vive la Bretagne »

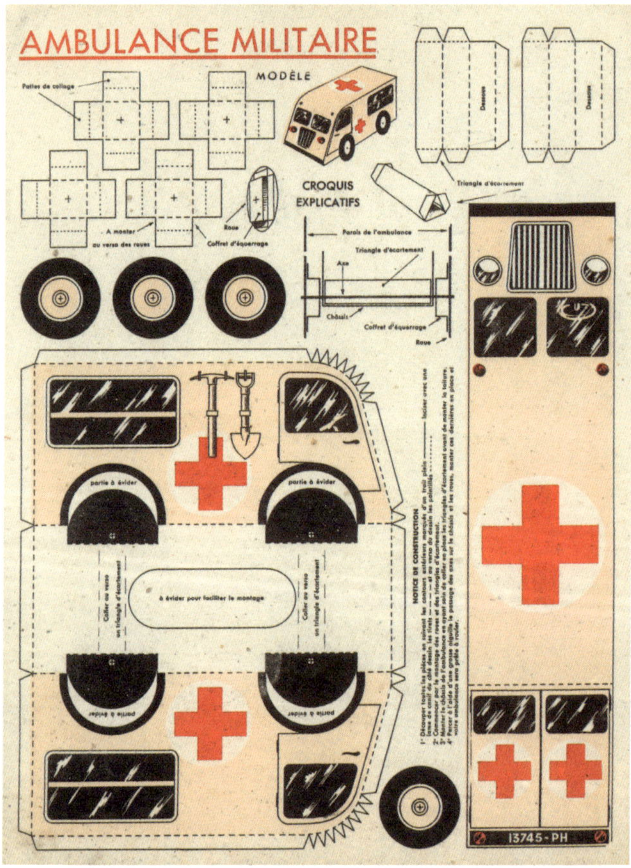

Ma grand-mère a trois cochons
Un qui pue
Un qui pète
Un qui sent la savonnette.

J'aime tes grands yeux
Derrière tes lunettes
Ils ressemblent aux phares
De ma camionnette.

J'aime tes grands yeux

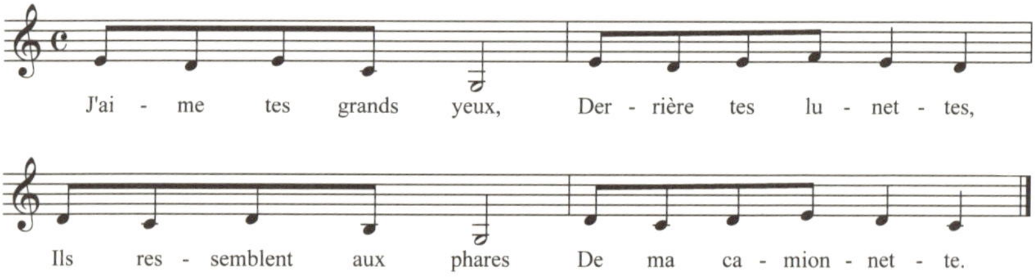

L'as-tu vu ? Oui, je l'ai vu
L'abricot de la jardinière
L'as-tu vu ? Oui, je l'ai vu
Son petit abricot fendu !
Il est rouge, il est bleu
Il est fendu par-devant
Il est rouge, il est vert
Il est fendu par-derrière.

Bonjour ma cousine,
Bonjour mon cousin germain
On m'a dit que vous m'aimiez
Est-ce bien la vérité ?
Je n' m'en soucie guère
Marchand d'pommes de terre
Passez par ici et moi par là
Au r'voir ma cousine
Et puis voilà,
Tsoin, tsoin !

Bonjour ma cousine

TOUJOURS A L'AFFUT DE LA MODE

Une poule sur un toit
Qui déguste du pâté d'foie
Fait pipi, fait caca,
Lave ses plumes et puis s'en va.

Variante de « Une poule sur un mur »

On a gagné, les doigts dans l'nez !
Ils ont perdu, les doigts dans l'cul !

Les carottes, ça a des poils
Les radis, ça a des poils
Les navets des grands comme ça
Les tomates, ça n'en a pas !

Turlututu chapeau pointu
Ma mère veut me battre
Elle m'arrache la peau du cul
Pour s'en faire une cravate.

Un, deux, trois, la culotte en bas
Quatre, cinq, six, levez la chemise
Sept, huit, neuf, tapez comme un bœuf
Dix, onze, douze, mes fesses sont toutes rouges.

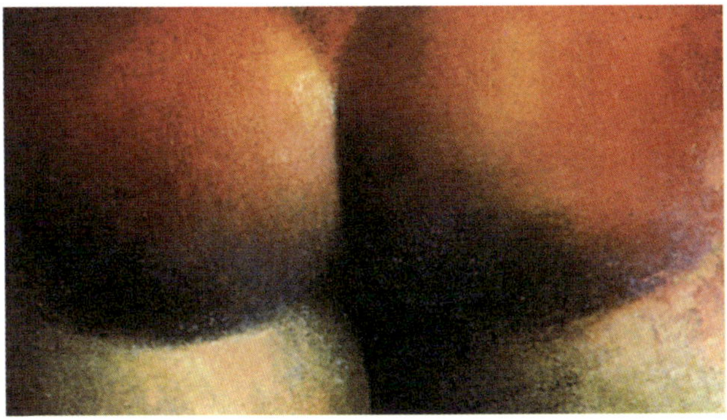

C'est l'garde-champêt(r)e
Qui pue, qui pète
Qui prend son cul
Pour une trompette
Et sa quéquette
Pour une sucette !

Le garde-champêtre

AUX ÉLÈVES DES ÉCOLES

IL EST DÉFENDU

1° **DE CRACHER A TERRE**;

2° **DE MOUILLER SES DOIGTS DANS SA BOUCHE** pour tourner les pages des livres et des cahiers;

3° **D'INTRODUIRE DANS SON OREILLE** le bout d'un porte-plume ou d'un crayon;

4° **D'ESSUYER LES ARDOISES EN CRACHANT DESSUS** ou en y portant directement la langue.

5° **DE TENIR DANS SA BOUCHE** les porte-plumes, les crayons, les pièces de monnaie, etc.;

Voulez-vous savoir maintenant pourquoi ces défenses vous sont faites ? Demandez-le à vos maîtres qui vous donneront les explications nécessaires.

Souvenez-vous enfin que vous ne devez pas seulement obéir vous-mêmes à ces prescriptions, mais que vous avez encore le devoir de les faire connaître à tout le monde.

Haut les mains
Peau d'lapin
Haut les pieds
Peau d'gibier
Haut les fesses
Peau d'maîtresse !

Les p'tites filles ont des p'tits trous
Les p'tits garçons des p'tits bouts
Le mien fait lever le tien
Le tien fait mouiller le mien
Le tien, le mien, les nôtres
S'emboîtent l'un dans l'autre.

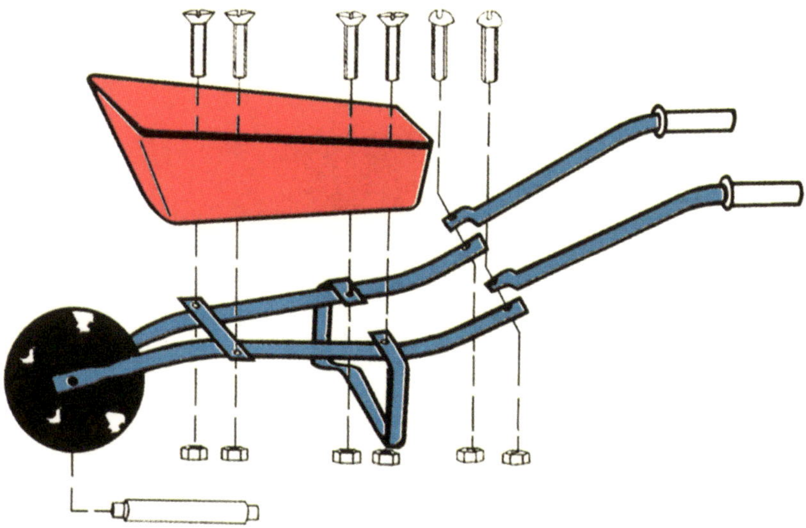

J'fais pipi sur l'gazon
Pour embêter les coccinelles
J'fais pipi sur l'gazon
Pour embêter les papillons

Pipi, gazon, papillons, coccinelles
Pipi, gazon, coccinelles, papillons.

J'fais pipi sur l'gazon

Trou !
Une petite cerise
Au bord du ruisseau
Lève sa chemise
Fait pipi dans l'eau
Trou !
Un, deux, trois
Tu seras reine
Un, deux, trois
Tu seras roi.

TABLE D'ADDITION

Le signe de l'Addition est : +

1 et 1 font 2	4 et 1 font 5	7 et 1 font 8
1 — 2 — 3	4 — 2 — 6	7 — 2 — 9
1 — 3 — 4	4 — 3 — 7	7 — 3 — 10
1 — 4 — 5	4 — 4 — 8	7 — 4 — 11
1 — 5 — 6	4 — 5 — 9	7 — 5 — 12
1 — 6 — 7	4 — 6 — 10	7 — 6 — 13
1 — 7 — 8	4 — 7 — 11	7 — 7 — 14
1 — 8 — 9	4 — 8 — 12	7 — 8 — 15
1 — 9 — 10	4 — 9 — 13	7 — 9 — 16
1 — 10 — 11	4 — 10 — 14	7 — 10 — 17
2 et 1 font 3	5 et 1 font 6	8 et 1 font 9
2 — 2 — 4	5 — 2 — 7	8 — 2 — 10
2 — 3 — 5	5 — 3 — 8	8 — 3 — 11
2 — 4 — 6	5 — 4 — 9	8 — 4 — 12
2 — 5 — 7	5 — 5 — 10	8 — 5 — 13
2 — 6 — 8	5 — 6 — 11	8 — 6 — 14
2 — 7 — 9	5 — 7 — 12	8 — 7 — 15
2 — 8 — 10	5 — 8 — 13	8 — 8 — 16
2 — 9 — 11	5 — 9 — 14	8 — 9 — 17
2 — 10 — 12	5 — 10 — 15	8 — 10 — 18
3 et 1 font 4	6 et 1 font 7	9 et 1 font 10
3 — 2 — 5	6 — 2 — 8	9 — 2 — 11
3 — 3 — 6	6 — 3 — 9	9 — 3 — 12
3 — 4 — 7	6 — 4 — 10	9 — 4 — 13
3 — 5 — 8	6 — 5 — 11	9 — 5 — 14
3 — 6 — 9	6 — 6 — 12	9 — 6 — 15
3 — 7 — 10	6 — 7 — 13	9 — 7 — 16
3 — 8 — 11	6 — 8 — 14	9 — 8 — 17
3 — 9 — 12	6 — 9 — 15	9 — 9 — 18
3 — 10 — 13	6 — 10 — 16	9 — 10 — 19

TABLE DE MULTIPLICATION

Le signe de la Multiplication est : ×

1 fois 1 font 1	4 fois 1 font 4	7 fois 1 font 7
1 — 2 — 2	4 — 2 — 8	7 — 2 — 14
1 — 3 — 3	4 — 3 — 12	7 — 3 — 21
1 — 4 — 4	4 — 4 — 16	7 — 4 — 28
1 — 5 — 5	4 — 5 — 20	7 — 5 — 35
1 — 6 — 6	4 — 6 — 24	7 — 6 — 42
1 — 7 — 7	4 — 7 — 28	7 — 7 — 49
1 — 8 — 8	4 — 8 — 32	7 — 8 — 56
1 — 9 — 9	4 — 9 — 36	7 — 9 — 63
1 — 10 — 10	4 — 10 — 40	7 — 10 — 70
2 fois 1 font 2	5 fois 1 font 5	8 fois 1 font 8
2 — 2 — 4	5 — 2 — 10	8 — 2 — 16
2 — 3 — 6	5 — 3 — 15	8 — 3 — 24
2 — 4 — 8	5 — 4 — 20	8 — 4 — 32
2 — 5 — 10	5 — 5 — 25	8 — 5 — 40
2 — 6 — 12	5 — 6 — 30	8 — 6 — 48
2 — 7 — 14	5 — 7 — 35	8 — 7 — 56
2 — 8 — 16	5 — 8 — 40	8 — 8 — 64
2 — 9 — 18	5 — 9 — 45	8 — 9 — 72
2 — 10 — 20	5 — 10 — 50	8 — 10 — 80
3 fois 1 font 3	6 fois 1 font 6	9 fois 1 font 9
3 — 2 — 6	6 — 2 — 12	9 — 2 — 18
3 — 3 — 9	6 — 3 — 18	9 — 3 — 27
3 — 4 — 12	6 — 4 — 24	9 — 4 — 36
3 — 5 — 15	6 — 5 — 30	9 — 5 — 45
3 — 6 — 18	6 — 6 — 36	9 — 6 — 54
3 — 7 — 21	6 — 7 — 42	9 — 7 — 63
3 — 8 — 24	6 — 8 — 48	9 — 8 — 72
3 — 9 — 27	6 — 9 — 54	9 — 9 — 81
3 — 10 — 30	6 — 10 — 60	9 — 10 — 90

TABLE DE SOUSTRACTION

Le signe de la Soustraction est : —

1 de 2 reste 1	4 de 5 reste 1	7 de 8 reste 1
1 — 3 — 2	4 — 6 — 2	7 — 9 — 2
1 — 4 — 3	4 — 7 — 3	7 — 10 — 3
1 — 5 — 4	4 — 8 — 4	7 — 11 — 4
1 — 6 — 5	4 — 9 — 5	7 — 12 — 5
1 — 7 — 6	4 — 10 — 6	7 — 13 — 6
1 — 8 — 7	4 — 11 — 7	7 — 14 — 7
1 — 9 — 8	4 — 12 — 8	7 — 15 — 8
1 — 10 — 9	4 — 13 — 9	7 — 16 — 9
1 — 11 — 10	4 — 14 — 10	7 — 17 — 10
2 de 3 reste 1	5 de 6 reste 1	8 de 9 reste 1
2 — 4 — 2	5 — 7 — 2	8 — 10 — 2
2 — 5 — 3	5 — 8 — 3	8 — 11 — 3
2 — 6 — 4	5 — 9 — 4	8 — 12 — 4
2 — 7 — 5	5 — 10 — 5	8 — 13 — 5
2 — 8 — 6	5 — 11 — 6	8 — 14 — 6
2 — 9 — 7	5 — 12 — 7	8 — 15 — 7
2 — 10 — 8	5 — 13 — 8	8 — 16 — 8
2 — 11 — 9	5 — 14 — 9	8 — 17 — 9
2 — 12 — 10	5 — 15 — 10	8 — 18 — 10
3 de 4 reste 1	6 de 7 reste 1	9 de 10 reste 1
3 — 5 — 2	6 — 8 — 2	9 — 11 — 2
3 — 6 — 3	6 — 9 — 3	9 — 12 — 3
3 — 7 — 4	6 — 10 — 4	9 — 13 — 4
3 — 8 — 5	6 — 11 — 5	9 — 14 — 5
3 — 9 — 6	6 — 12 — 6	9 — 15 — 6
3 — 10 — 7	6 — 13 — 7	9 — 16 — 7
3 — 11 — 8	6 — 14 — 8	9 — 17 — 8
3 — 12 — 9	6 — 15 — 9	9 — 18 — 9
3 — 13 — 10	6 — 16 — 10	9 — 19 — 10

TABLE DE DIVISION

Le signe de la Division est : :

1 en 1 est 1 fois	4 en 4 est 1 fois	7 en 7 est 1 fois
1 — 2 — 2 —	4 — 8 — 2 —	7 — 14 — 2 —
1 — 3 — 3 —	4 — 12 — 3 —	7 — 21 — 3 —
1 — 4 — 4 —	4 — 16 — 4 —	7 — 28 — 4 —
1 — 5 — 5 —	4 — 20 — 5 —	7 — 35 — 5 —
1 — 6 — 6 —	4 — 24 — 6 —	7 — 42 — 6 —
1 — 7 — 7 —	4 — 28 — 7 —	7 — 49 — 7 —
1 — 8 — 8 —	4 — 32 — 8 —	7 — 56 — 8 —
1 — 9 — 9 —	4 — 36 — 9 —	7 — 63 — 9 —
1 — 10 — 10 —	4 — 40 — 10 —	7 — 70 — 10 —
2 en 2 est 1 fois	5 en 5 est 1 fois	8 en 8 est 1 fois
2 — 4 — 2 —	5 — 10 — 2 —	8 — 16 — 2 —
2 — 6 — 3 —	5 — 15 — 3 —	8 — 24 — 3 —
2 — 8 — 4 —	5 — 20 — 4 —	8 — 32 — 4 —
2 — 10 — 5 —	5 — 25 — 5 —	8 — 40 — 5 —
2 — 12 — 6 —	5 — 30 — 6 —	8 — 48 — 6 —
2 — 14 — 7 —	5 — 35 — 7 —	8 — 56 — 7 —
2 — 16 — 8 —	5 — 40 — 8 —	8 — 64 — 8 —
2 — 18 — 9 —	5 — 45 — 9 —	8 — 72 — 9 —
2 — 20 — 10 —	5 — 50 — 10 —	8 — 80 — 10 —
3 en 3 est 1 fois	6 en 6 est 1 fois	9 en 9 est 1 fois
3 — 6 — 2 —	6 — 12 — 2 —	9 — 18 — 2 —
3 — 9 — 3 —	6 — 18 — 3 —	9 — 27 — 3 —
3 — 12 — 4 —	6 — 24 — 4 —	9 — 36 — 4 —
3 — 15 — 5 —	6 — 30 — 5 —	9 — 45 — 5 —
3 — 18 — 6 —	6 — 36 — 6 —	9 — 54 — 6 —
3 — 21 — 7 —	6 — 42 — 7 —	9 — 63 — 7 —
3 — 24 — 8 —	6 — 48 — 8 —	9 — 72 — 8 —
3 — 27 — 9 —	6 — 54 — 9 —	9 — 81 — 9 —
3 — 30 — 10 —	6 — 60 — 10 —	9 — 90 — 10 —

Un et un deux
Elles n'ont pas de queue
Deux et deux quatre
Du poil aux pattes
Quatre et trois sept
Elles n'ont pas de tête
Les filles sont des bêtes
Qu'ont ni queue ni tête.

L'arithmétique
Est une mécanique
Qui donne la colique
À tous les catholiques
Le mal aux dents
À tous les protestants
Le mal au cœur
À tous les enfants d'chœur
Le mal au nez
À tous les curés.

Artichauts ! Artichauts !
C'est pour monsieur et pour madame
Pour réchauffer le corps et l'âme
Et pour avoir le ventre au chaud.

J'ai deux yeux
Tant mieux
Deux oreilles
Pareilles
Deux épaules
C'est drôle
Deux bras
Ça va
Deux jambes
Ensemble
Et deux fesses
Qui se connaissent.

Mes petits tétons viendront
Et les vôtres, ma grand-mère
Mes petits tétons viendront
Et les vôtres s'en iront.

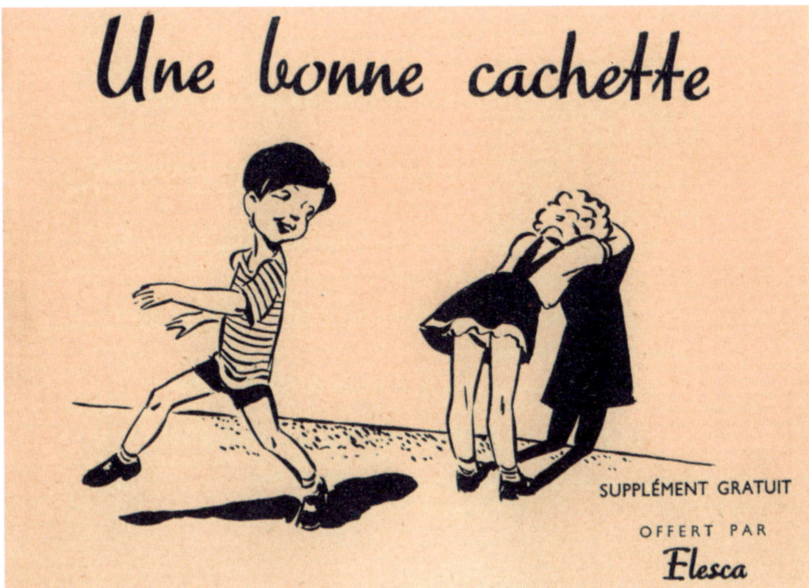

C'est bon de faire caca dans l'eau
On voit son caca qui nage
Si j'avais su qu' ce soye si beau
J'en aurais fait davantage.

Connaissez-vous Doudou
La femme en caoutchouc
Qui bouffe des élastiques
Et chie des bombes atomiques ?

Connaissez-vous Doudou ?

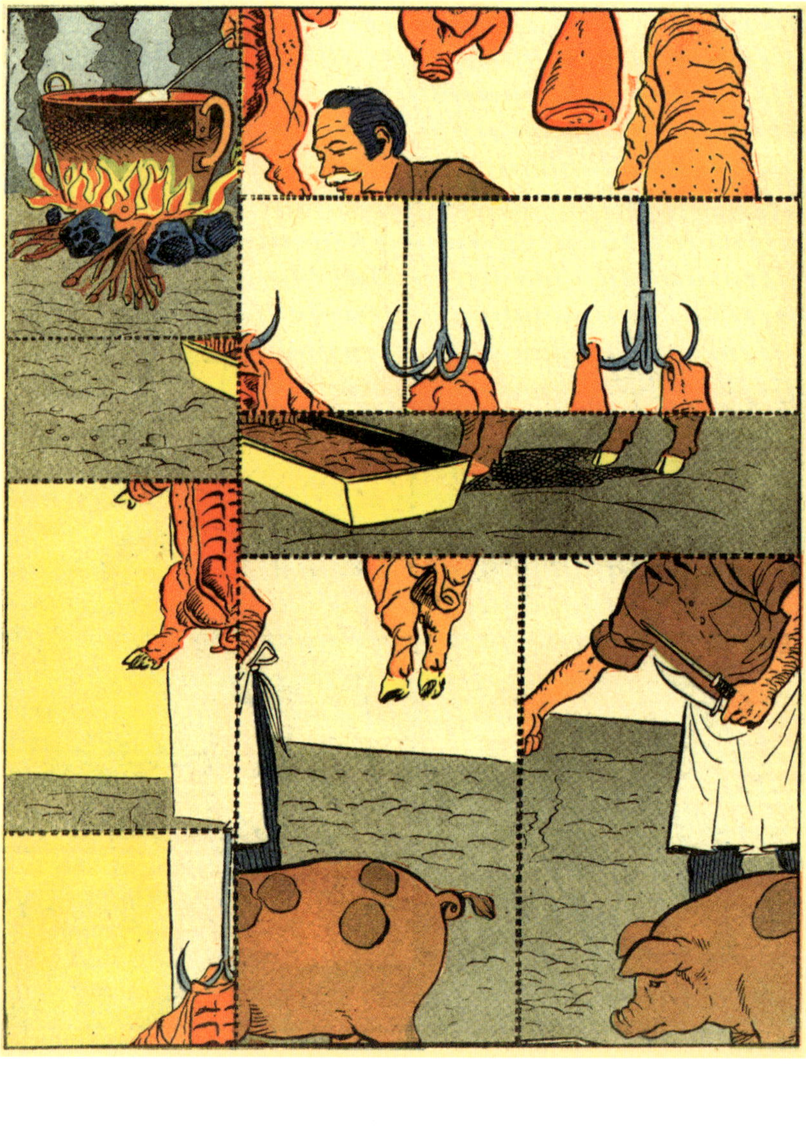

Un petit cochon
Pendu au plafond
Tirez-lui la queue
Il pondra des œufs
Tirez-la plus fort
Il pondra de l'or.
De l'or ou de l'argent ?
De l'argent !
Tu seras dedans
De l'or !
Tu seras dehors.

Ma grand-mère dans le désert
A la peau tellement tendue
Quand elle ferme les paupières
Ça lui ouvre le trou du cul.

Ma grand-mère dans le désert

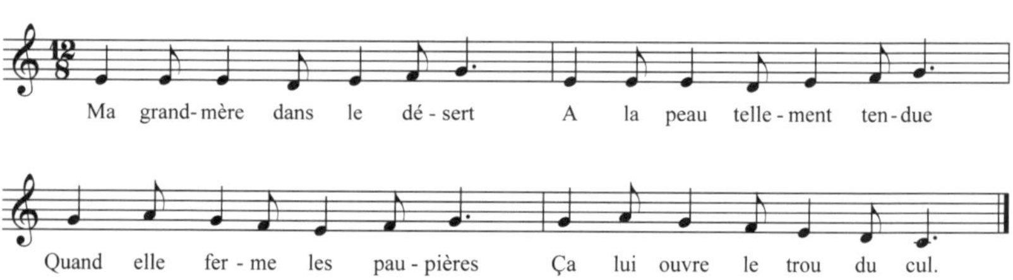

Tu as raison
Moi, j'n'ai pas tort
Baise mon croupion
Nous serons d'accord.

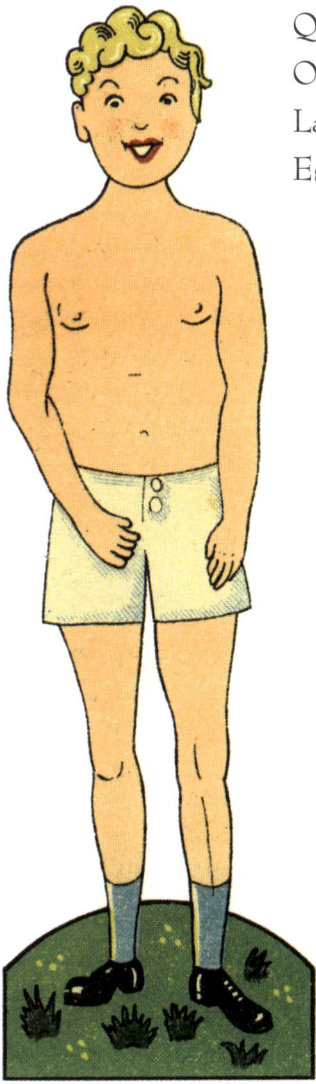

Qu'on la secoue
Ou qu'on l'agite
La dernière goutte
Est pour le slip.

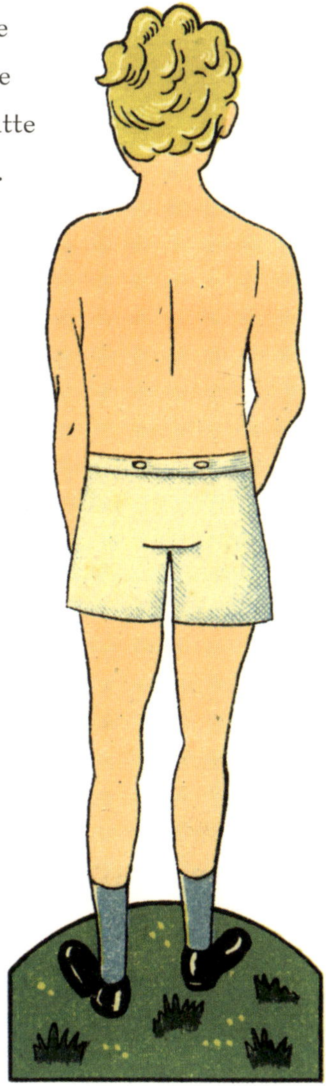

Trou du cul, de quoi te plains-tu ?
N'es-tu pas bien au milieu d'mes fesses ?
Trou du cul, de quoi te plains-tu ?
N'es-tu pas bien au milieu d'mon cul ?

Quand j'étais petit
Je n'étais pas grand
Je montrais mon cul
À tous les passants
Ma mère me disait
« Veux-tu le cacher ! »
Je lui répondais
« Veux-tu le lécher ? »

Variante
Veux-tu l'embrasser ?

Quand j'étais petit

Un loup passant dans le désert
La queue levée, le cul ouvert
Il fait un pet
Pour qui
Pour toi
Retire-toi
Dans la cabane en bois.

En passant près d'un cimetière
J'entendais les morts péter
Ce qui prouve que sous la terre
Tous les trous n'sont pas bouchés.

Sur l'air de « Vive la Bretagne »

Rapporteur
À quatre moteurs
Quand tu pètes
Tu me fais peur.

L'avion, l'avion, l'avion
Ça fait lever les yeux
Les filles, les filles, les filles
Ça fait lever les queues.

L'avion

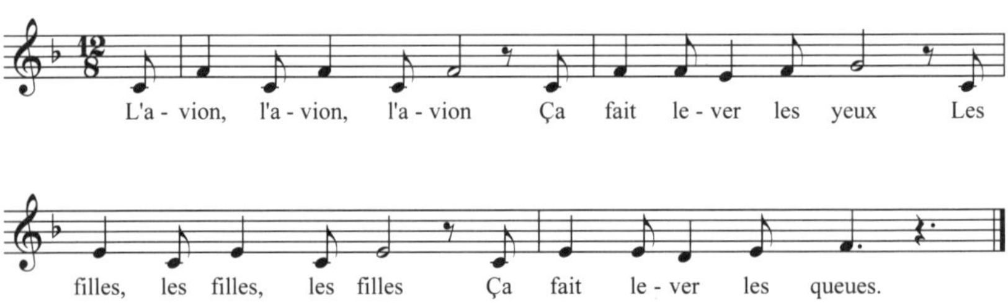

STE

J'ai le hoquet
Bilboquet
P'tit Jésus
Je n' l'ai plus.
Je l'envoie à celui que j'aime
Si celui que j'aime
Ne n'aime pas
Il me reviendra.

203
48
54

Bibi Lolo de Saint-Malo
Qui tue sa femme
À coups d'couteau
Qui la console à coups d'casserole
Qui la guérit
À coups d'fusil.

Bibi Lolo de Saint-Malo

Si tu veux faire mon bonheur
Marguerite, Marguerite
Si tu veux faire mon bonheur
Marguerite donne-moi ton cœur.
Marguerite a répondu, si t'es sage, si t'es sage
Marguerite a répondu, si t'es sage t'auras mon cul.

Détournement

Marguerite

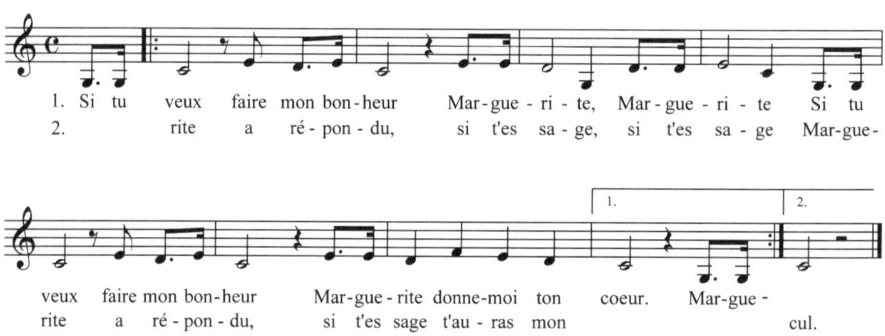

Ça sent mauvais quand je pète
Ça empeste la maison
Mais ce n'est pas une raison
Pour qu'à chacun tu le répètes.

Les saints et les anges
Et le petit Jésus
Quand ça les démange
Se grattent le trou du cul
Ave, ave, ave le petit doigt *(bis)*

Y'a que l'trou d'mon cul
Qui sent' l'eau de Cologne,
Y a que l'trou d'mon cul
Qui sent' la vertu

Le pet est un vent violent
Qui vient des montagnes de la Lune
Et qui annonce avec fracas
L'arrivée du général Caca.

Chie dur,
Chie mou
Mais
Chie dans l'trou !

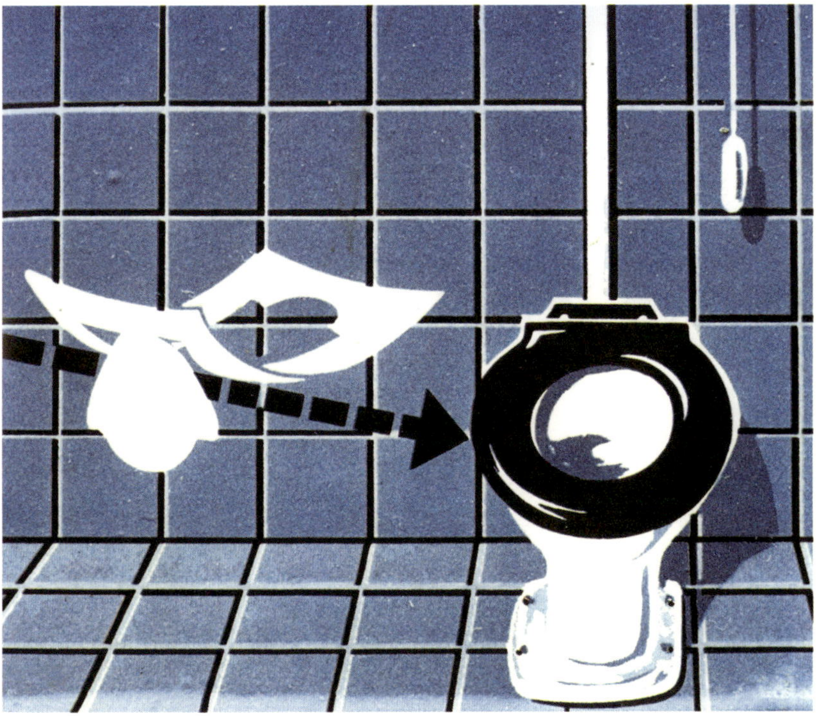

La petite Amélie
Hier m'avait promis
Trois poils de son cul
Pour me faire un tapis.
Les poils sont tombés
Le tapis est foutu
Et la p'tite Amélie
N'a plus de poils au cul.

La petite Amélie

En toute chose il faut considérer la fin

Table des illustrations